塩麹・酒粕・甘酒でつくる
寺田本家のおつまみ手帖

寺田聡美

家の光協会

はじめに

自然酒蔵元・寺田本家の創業は江戸時代・延宝年間。今年で創業350周年を迎えます。私たちのお酒の原料は、おもに地元の千葉県神崎町で栽培される、無農薬・無化学肥料米とそれから作る米麹。仕込み水は、神崎神社を水源とする地下水です。発酵を担うのは、遥か昔から酒蔵にすむ〝蔵付き〟の微生物。私たちのお酒は人工物を添加することなく、自然の力だけで発酵をすすめます。

　こんな、ちょっと変わった酒造りを続ける私たちの元には、地元を含む日本全国、時には海の向こうからも、酒造りのために蔵人さんが集まります。彼らとは、一緒にごはんを食べたり、お酒を飲んだり。そんなときのおつまみ作りに活躍するのが、酒造りの副産物として出る酒粕や、酒の原料として豊富にある、米麹で作った甘酒や塩麹。これらには、発酵食品ならではのうまみがたっぷりあるので、手順も材料も最小限で、とっておきのおつまみが作れるのです。

この本のレシピは、どれも砂糖や乳製品は使っていませんが、満足感のある、それでいて体にやさしい味わいのものばかりです。蔵人さんに人気のシメの粕汁や〝シメのシメ〟として欠かせない麹あんこの一品など、寺田本家で愛されているメニューもご紹介します。

ちなみに、私はお酒をほとんど飲めませんが、これらはごはんに合うおかずでもありますから、ぜひ、お酒を飲めない方やお子さんとも、楽しく味わっていただけたら、と思っています。

◎寺田本家の定番おつまみ

日本酒に

おちょこを傾けながら、
しみじみ味わう和のおつまみ。
定番の酒蒸しも焼き魚も、
発酵の力を借りるだけで、
しっとり奥深く、
どこか特別な味わいに。
ついついあと少しだけ、と
杯を重ねてしまう夜です。

●右上から時計回りに
あさりの酒粕蒸し煮→作り方は49ページ
鮭の塩麹焼き→作り方は33ページ
わけぎと油揚げの甘酒酢みそ和え→作り方は81ページ

ワインに

華やぐワインの味わいにぴったりな、洋のおつまみ。
まるでチーズを思わせる、酒粕の濃厚なコク。
やわらかな味わいで、後を引く甘酒のほどよい甘さ。
そして塩麹の、豊かでまろやかな塩気。
贅沢な気分で楽しむ、
手軽でおいしいラインナップ。

●右上から時計回りに
なすの甘酒ボロネーゼ→作り方は94ページ
塩麹バーニャカウダ→作り方は26ページ
酒粕クリームチーズと
ドライフルーツのディップ
→作り方は70ページ

ビール、サワーに

シュワッとカジュアル。
そんな気分にぴったりなのは、
軽やかな発酵フィンガーフード。
サクサク、カリカリと
食感のリズムと炭酸の刺激を
交互に楽しむうちに、
にぎやかに心地よく
夜は更けていくのです。

●右から時計回りに
酒粕ペッパークラッカー
　→作り方は71ページ
おからナゲット 甘酒ケチャップ添え
　→作り方は90ページ
塩麹カレーナッツ→作り方は17ページ

目次

塩麹 p.12

酒粕 p.44

甘酒 p.76

●レシピのお約束
- 計量単位は1カップ＝200㎖、大さじ1＝15㎖、小さじ1＝5㎖です。
- 食材を洗う、野菜の皮をむく、へたや種を取るなど、基本的な下ごしらえは作り方から省いています。適宜行ってください。
- オーブン、オーブントースターの焼き時間は目安です。機種によって違いがあるので、様子を見ながら加減してください。
- 油はおもになたね油を使用していますが、ない場合はサラダ油や米油に替えてもOKです。

塩麹

独特のコクとうまみで、
おつまみに満足感をプラス。

米麹と塩、水を合わせ、発酵させることで完成する塩麹。まろやかな塩気の奥に、ほのかな甘さも感じさせる味わいが特徴です。

塩麹は、通常の塩に比べてトータルの塩分量が少なくても、特有のうまみで満足感をアップできるのがうれしいところ。また、減塩効果だけでなく、麹菌などが作り出す酵素の働きが腸内環境を整えるため、免疫力が上がるという利点もあります。おいしくお酒がすすむだけでなく、食べるほどに健康になっていくという、うれしい調味料でもあるのです。

常温におけば自然に発酵するので、家庭でも簡単に作ることができますが、市販のものを選ぶ場合は、酒精などを添加していない、原材料が塩と米麹、水だけのものがおすすめです。

・寺田本家の塩麹の作り方・

完成してからも熟成はすすみ、味わい深く。
多めに仕込んで、塩代わりに気軽に使って。

〈材料・作りやすい分量／出来上がり量700g〉

米麹――300g
塩――100g
水――300mℓ

〈作り方〉

1 米麹を手でほぐしながら清潔な保存容器に入れる。
2 塩を加える。
3 水を加える。
4 スプーンなどでよく混ぜる。
5 ほこりなどが入らないようにふきんやペーパータオルをかぶせ、常温におく。はじめの1週間は、1日に一度混ぜる。1週間後から使える。

◎発酵がすすむ2～3カ月後から本当においしくなる。暑い時期は冷蔵庫で保存。賞味期限はとくになし。

材料 1 2 3 4 5

簡単おつまみ

塩麹のまろやかな塩気が、
大豆の風味を引き出します。
漬け込む時間によって
変わる味わいも楽しんで。

豆腐の塩麹まぶし

作り方… P.16

冷やしトマトのねぎ塩麹のせ

作り方…P.16

「とりあえず」の定番、冷やしトマト&そら豆が、塩麹を使うだけで、一気に特別感あるひと皿に。シンプルな料理ほど、麹が力を発揮するのです。

そら豆の塩麹漬け

作り方…P.17

豆腐の塩麹まぶし

〈材料・2人分〉
絹ごし豆腐 —— 1/2丁（180g）
塩麹 —— 大さじ1/2
かいわれ菜 —— 適量

〈作り方〉
1 豆腐は6等分に切る。
2 バットに塩麹の半量をのばし、**1**を並べる。上に残りの塩麹を等分にぬる（**a**）。1時間ほど冷蔵庫においてて味をなじませる。
3 器に盛り、根元を切り落としたかいわれ菜を添える。
◎豆腐の消費期限まで冷蔵庫で保存可。

a

冷やしトマトのねぎ塩麹のせ

〈材料・2人分〉
トマト —— 1個
A
塩麹 —— 大さじ1弱
長ねぎのみじん切り —— 10cm分
ごま油 —— 小さじ1/2

下準備： Aを混ぜ合わせて30分ほどおいてなじませる。

〈作り方〉
トマトは食べやすい大きさのくし形切り（8等分程度）にし、器に盛る。なじませた**A**をかける。

そら豆の塩麹漬け

〈材料・作りやすい分量〉

そら豆（さやから出す）—— 80g

塩麹 —— 大さじ1/2

水 —— 大さじ1

◎塩麹の効果でやわらかくなるので、皮ごと食べられる。

◎1日以上おく場合は冷蔵庫へ。2〜3日たって、酸味が出たころもおいしい。

〈作り方〉

1 そら豆は2〜3分ゆでてざるにあげる。

2 ジッパーつきポリ袋に塩麹と水を合わせ、**1**を入れる。空気を抜いて封をし、常温に半日〜1日おく。

塩麹カレーナッツ

塩麹を使えば、うまみもグッと濃厚に。

〈材料・作りやすい分量〉

アーモンド（素焼き）—— 100g

塩麹、酢 —— 各小さじ2

カレー粉 —— 小さじ1/2

〈作り方〉

1 ボウルにアーモンドと塩麹、酢を合わせ、1時間ほどおく。

2 カレー粉をまぶし、140度に熱したオーブンで15分焼く（途中で一度上下を返す）。

◎清潔な容器に入れ、常温で1週間保存可。

おつまみに便利な調味料

塩麹玉ねぎドレッシング

塩麹の効果で、玉ねぎの辛みもレモンの酸味もほんのり丸く仕上がります。

〈材料・作りやすい分量〉

塩麹——大さじ1強
玉ねぎのすりおろし——大さじ2弱
レモン汁——大さじ2
塩——小さじ1/2
こしょう——小さじ1/4
オリーブオイル——1/2カップ

〈作り方〉

材料をすべて混ぜ合わせる。
◎冷蔵庫で2週間保存可。

塩麹玉ねぎドレッシングを使って
アボカドサラダ
作り方… P.21
えびのマリネ
作り方… P.20
野菜にも魚介にも果物にも合う、
オールマイティーな味わい。
塩麹のコクが後を引いて、
お酒もどんどんすすみます。
おからサラダ
作り方… P.21

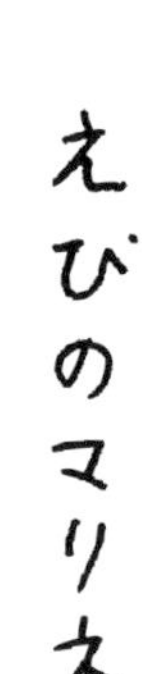

〈材料・作りやすい分量〉

えび（またはむきえび）——8尾
紫玉ねぎ——小1/3個（30g）
ミニトマト——8～10個（100g）
香菜——4本
レモン（くし形切り）——1/8個
塩麹——小さじ1/2
塩麹玉ねぎドレッシング
（作り方は18ページ）——大さじ1と1/2

〈作り方〉

1 殻つきのえびは殻をむき、あれば背わたを取る。塩麹をまぶし、1時間ほどおく。

2 鍋に湯を沸かし、**1**を1～2分ゆで、ざるにあげる。

3 紫玉ねぎは薄切りに、ミニトマトは半分に、香菜は2～3㎝長さに切る。

4 レモンは半分をスライスして、適当な大きさに切り分け、残りは果汁を搾る。

5 ボウルに塩麹玉ねぎドレッシングと**4**を入れて混ぜ、**2**と**3**を加えて和える。

アボカドサラダ

〈材料・作りやすい分量〉

アボカド —— 1/2個
水菜 —— 1株
木綿豆腐 —— 1/4丁（90g）
海藻サラダ（乾燥）—— 4g
塩麹玉ねぎドレッシング
（作り方は18ページ）—— 大さじ2
しょうゆ —— 小さじ1/2

〈作り方〉

1 アボカドは皮と種を取り除き、2㎝角に切る。水菜は3㎝長さに、豆腐は2㎝角に切る。

2 海藻サラダは水でもどし、水気をしっかりしぼる。

3 ボウルに**1**と**2**を合わせ、塩麹玉ねぎドレッシング、しょうゆを加えて和える。

おからサラダ

〈材料・作りやすい分量〉

おから —— 150g
かぶ —— 1個（100g）
ぶどう（種なし。
皮ごと食べられるもの）
—— 100g
ミント —— 少々
塩 —— 少々
塩麹玉ねぎドレッシング
（作り方は18ページ）—— 半量

〈作り方〉

1 かぶは皮をむいて薄切りにし、塩をまぶし、しんなりするまで少しおく。出てきた水気をしぼる。

2 ぶどうは半分に切る。ミントはざく切りにする。

3 ボウルにおからと塩麹玉ねぎドレッシングを入れて混ぜ、**1**、**2**を加えて混ぜる。

ヘルシーおつまみ

凍りこんにゃく炒めの串刺し

こんにゃくを凍らせることで、まるで鶏皮のような食感に。
塩麹の濃いうまみを感じるヘルシーおつまみ。

〈材料・2人分〉

こんにゃく —— 1枚（300g）
しょうがのすりおろし —— 1/2かけ分
塩麹 —— 大さじ1/2
ごま油 —— 小さじ2
七味唐辛子、すだちのくし形切り —— 各適量

〈作り方〉

1 こんにゃくは2㎝四方×5㎜厚さ程度に切り分け、バットなどに並べて冷凍する。

2 **1**を自然解凍、または流水で解凍し、水気をしっかりしぼる。

3 フライパンにごま油としょうがを入れ、中火にかける。香りが立ったら**2**を加え、水分をとばすように炒める。

4 塩麹を加え、さらにいりつける。二つ折りにして串に刺し、七味唐辛子をふる。器に盛り、すだちを添える。

◎こんにゃくを凍らせるときは、少々重なっていても大丈夫。

エリンギの串焼き

かみしめるほど、
ぎゅっとおいしさがあふれます。
調味料ひとつ、
素材ひとつの力に感激。

〈材料・2人分〉

エリンギ —— 細めのもの4本
塩麹 —— 大さじ1/2
こしょう —— 少々

〈作り方〉

エリンギはぶつ切りにし（太ければ2〜3㎝角に切る）、塩麹とこしょうをまぶす。オーブントースターで軽く焼き目がつくまで5分ほど焼き、串に刺す。

◎塩麹をまぶしたあとは水分が出てきてしまうので、すぐに焼く。

ゴーヤーチャンプルー風

塩気の奥にほのかに感じる、塩麹の甘みがポイントです。
凍らせた豆腐の〝卵もどき〟は、クセになる食感。
ふわりと漂うごま油の香りが、お酒をいっそう味わい深く。

〈材料・2人分〉

ゴーヤー ―― 小1/2本(80g)
にんじん ―― 1/3本(50g)
もやし ―― 1/4袋
木綿豆腐 ―― 1/2丁(180g)
しょうがのせん切り ―― 1かけ分
塩麹 ―― 小さじ2
ターメリック ―― ひとつまみ
薄口しょうゆ(またはしょうゆ) ―― 小さじ1
こしょう ―― 少々
ごま油 ―― 小さじ2
紅しょうが ―― 少々

下準備：豆腐はひと口大に切って冷凍しておき、冷蔵庫に移して解凍する。

〈作り方〉

1 ゴーヤーは縦半分に切り、種をスプーンなどでこそげ取り、薄切りにする。にんじんはせん切りにする。

2 フライパンにごま油小さじ1としょうがを入れて中火にかけ、香りが立ったら**1**のゴーヤー、にんじん、もやしの順に炒め合わせる。塩麹小さじ1を入れて混ぜ合わせ、一度取り出す。

3 **2**のフライパンにごま油小さじ1を足し、しっかり水気をしぼった豆腐を入れて炒める。塩麹小さじ1を加え、水分をとばすように炒める。ターメリックを加えて炒め、全体に色をつける。

4 フライパンに**2**を戻し入れ、薄口しょうゆとこしょうをふり、全体を炒め合わせて器に盛る。紅しょうがを添える。

塩麹バーニャカウダ

深い味わいの秘密は、塩麹の2段づかい。塩麹をまぶしたきのこを香ばしく焼きつけることで、ここまで濃厚なうまみが引き出せるのです。

〈材料・作りやすい分量〉

にんにく —— 4かけ

A
しめじ —— 2/3パック弱（60g）
塩麹、オリーブオイル —— 各小さじ2

B
塩麹 —— 小さじ4
オリーブオイル —— 大さじ4

さつまいも、ブロッコリー、かぶ、グリーンアスパラガスなど好みの野菜 —— 各適量

〈作り方〉

1 にんにくはそれぞれ半分程度に切り、小鍋に入れて、かぶる程度の水（分量外）を加える。弱火にかけ、にんにくがやわらかくなるまで煮て、ざるにあげる。

2 フライパンに**A**のオリーブオイルを中火で熱し、根元を切り落としてほぐしたしめじを加えて炒める。しんなりしたら**A**の塩麹を加え、しめじをへらで押さえながら焼きつけるように炒める。弱火にして、しっかり焦げ目がつくくらいまで香ばしく炒める（**a**）。

3 **1**、**2**、**B**を合わせてフードプロセッサーにかけ、ペースト状にする。

4 好みの野菜を食べやすく切って蒸し、**3**をつけながら食べる。

◎冷蔵庫で2週間保存可。

a

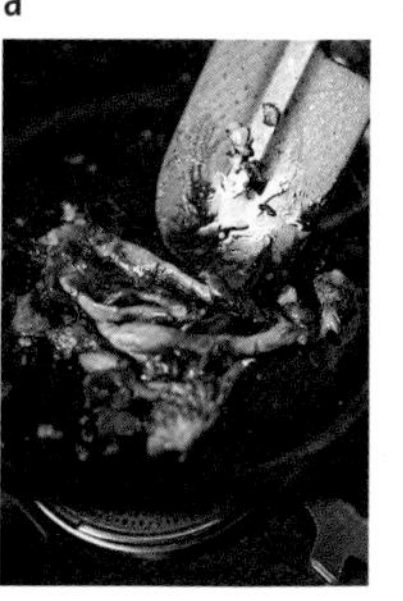

肉・魚のおつまみ

塩麹チキンのサラダ

麹の効果で、しっとりやわらか&まろやかな味わいです。
切り分けてからもう一度熱を入れるひと手間で、
チキンひと切れずつに味がしみ、食感もよくなります。

〈材料・2人分〉

鶏むね肉――小1枚（200g）
酒、塩――各少々

A
しょうがのすりおろし――1/2かけ分
塩麹――大さじ1
酒――大さじ1/2

こしょう――少々
好みのレタス類――適量

〈作り方〉

1 鶏むね肉は酒と塩をふり、30分ほどおいて出てきた水気をペーパータオルなどでふき取る。フォークで全体に穴をあける。

2 ジッパーつきポリ袋に**1**と**A**を入れ、袋の上からもんでなじませ、空気を抜いて封をし、冷蔵庫で半日ほど漬ける。

3 炊飯器の内釜に**2**をポリ袋ごと入れる。

4 お湯を沸かして少しおき、80度程度まで冷ます。**3**の内釜に、ポリ袋がしっかりかぶる程度まで注ぐ（落としぶたなどをしてもよい）。炊飯器の保温モードで1時間ほど温める。

5 一度取り出し、鶏肉を5㎜厚さ程度に切り分ける。ポリ袋に戻し入れ、さらに1時間ほど保温モードで温める。

6 **5**と食べやすくちぎったレタスを器に盛り、こしょうをふる。

アクアパッツァ

魚介+塩麹で、うまみを重ねたごちそうおつまみ。
とっておきのワインを開けたくなる、
ちょっと贅沢なひと皿に仕上がりました。

〈材料・2人分〉

鯛の切り身――2切れ
じゃがいも――1個(100g)
玉ねぎ――1/2個(100g)
トマト――小1個(100g)
にんにくのみじん切り――1かけ分

A
ブラックオリーブ――10粒
ケッパー――10g
塩麹――小さじ2
水――1/2カップ
酒――1/4カップ

酒――小さじ2
塩――少々
こしょう――少々
オリーブオイル――大さじ1
パセリのみじん切り――適量

〈作り方〉

1 鯛に酒をまぶして全体に軽く塩をふり、30分ほどおく。出てきた水気をペーパータオルでふく。

2 じゃがいも、玉ねぎ、トマトはひと口大に切る。

3 鍋にオリーブオイルとにんにくを入れて弱火にかける。香りが立ったら**1**の鯛を入れ、中火で両面をこんがりと焼き、一度取り出す。

4 **3**の鍋を中火で熱し、じゃがいも、玉ねぎ、トマトの順に加えて炒め合わせ、鯛を戻し入れて**A**を加える。軽く混ぜ、ふたをして蒸し煮にする。

5 じゃがいもに火が通ったら、こしょうをふり、器に盛ってパセリを散らす。

いかとブロッコリーの塩麹蒸し

しっかり塩麹をなじませたいかと、ほのかに甘いブロッコリー。濃淡の妙を味わって。

〈材料・2人分〉

いか —— 200g
ブロッコリー —— 1/2個(100g)
にんにくのみじん切り —— 1/2かけ分
酒 —— 小さじ2
塩麹 —— 大さじ1
塩、こしょう —— 各少々
オリーブオイル —— 小さじ2

下準備： いかは内臓ごと足を引き抜き、胴は軟骨を取り除く。足は目、内臓、口などを取り除く。それぞれ洗って水気をふく。

〈作り方〉

1 いかに酒をまぶして全体に軽く塩をふり、30分ほどおく。出てきた水気をペーパータオルでふく。胴は2㎝幅の輪切りにし、足は食べやすく分ける。塩麹をまぶし、30分ほどおく。

2 ブロッコリーは小房に分ける。

3 フライパンにオリーブオイルとにんにくを入れ、弱火にかける。香りが立ったら**1**と**2**を加えてふたをし、ブロッコリーが好みのかたさになるまで蒸し煮にする。仕上げにこしょうをふる。

鮭の塩麹焼き

ほろりとほぐれる、麹が香る鮭のおいしさ。
ひと口ごとに、ついおちょこに手がのびます。

〈材料・2人分〉

生鮭の切り身――2切れ
酒――小さじ2
塩――少々
塩麹――大さじ1
なたね油――少々
大根おろし、すだちのくし形切り
――各適量

〈作り方〉

1 鮭に酒をまぶして全体に軽く塩をふり、30分ほどおく。出てきた水気をペーパータオルでふく。

2 ジッパーつきポリ袋に**1**と塩麹を入れ、袋の上からもんでなじませ、空気を抜いて封をし、冷蔵庫で半日ほど漬ける。

3 なたね油を薄くひいたフライパンに**2**を入れ、ふたをして中火にかけ、両面を蒸し焼きにする。器に盛り、大根おろしとすだちを添える。

スパイス&ハーブのおつまみ

酸味と塩気を効かせる、インドの漬物・アチャール。塩麹を使ったら、本場よりもやさしい味わいになりました。

きのこのアチャール

作り方… P.38

かぼちゃと
ズッキーニのサブジ
作り方… P.39

サブジはスパイスで野菜を炒め煮にしたインドのおかず。ピリッとしたスパイスと、塩麹のまろやかさが絶妙。

通常はクスクスで作るサラダを、
パラッと炊いた玄米で。
きゅうり＆パセリの清涼感と
塩麹のコクがいいバランス。

玄米のタブレ
作り方… P.40

ローズマリーの香り漂う、
缶詰で作る簡単アヒージョ。
うまみいっぱいのオイルは
パンと一緒に最後まで味わって。

さば缶アヒージョ

作り方… P.41

きのこのアチャール

〈材料・2人分〉

えのきたけ —— 1袋（100g）
しめじ —— 1パック（100g）
生しいたけ —— 4個
A にんにく、しょうがのみじん切り —— 各2かけ分
なたね油 —— 大さじ3
カレー粉 —— 小さじ1/2
赤唐辛子（種を取り除く） —— 1/2本
塩麹、酢 —— 各大さじ1と1/2
好みでバゲットの薄切り —— 適量

〈作り方〉

1 えのきたけは根元を切り落とし、2～3㎝長さに切る。しめじは根元を切り落とし、細かくほぐす。しいたけは石づきを切り落として薄切りにする。

2 鍋に**A**を入れて弱火にかけ、香りが立ったら**1**を加えて炒める。しんなりとしたらカレー粉と赤唐辛子を加え、全体に油が回ったら、塩麹と酢を加えて炒め合わせる。好みでバゲットの薄切りにのせて食べてもおいしい。

かぼちゃとズッキーニのサブジ

〈材料・2人分〉

かぼちゃ（種とわたを取り除く）——100g

ズッキーニ——大1/2本（100g）

A
- にんにく、しょうがのみじん切り——各1/2かけ分
- なたね油——大さじ1/2

カレー粉——小さじ1/2

塩麹——大さじ1/2

〈作り方〉

1 かぼちゃとズッキーニは2㎝角程度に切る。

2 鍋に**A**を入れ、弱火にかける。香りが立ったら**1**とカレー粉を入れてさっと炒め、塩麹を加えてふたをする。野菜に火が通るまで蒸し煮にする。

玄米のタブレ

〈材料・2人分〉

玄米――1/2合
紫玉ねぎ――1/4個(50g)
きゅうり――1本
パセリ、香菜――各10g

A
レモン汁――小さじ2
塩麹――大さじ1弱
こしょう――少々
オリーブオイル――大さじ1/2

〈作り方〉

1 玄米は洗って炊飯器の内釜に入れ、白米の目盛りの水分で炊く。炊き上がったらバットなどに広げ、冷ます。

2 紫玉ねぎ、きゅうり、パセリ、香菜はみじん切りにする。

3 ボウルに**A**を入れ、**1**と**2**を加えて和える。

さば缶アヒージョ

〈材料・2人分〉

さば水煮缶――1缶（180g）
ミニトマト――8〜10個（100g）
マッシュルーム――10個

A
にんにく（半分に切る）――2かけ
赤唐辛子（種を取り除く）――1本
ローズマリー――1本
オリーブオイル――80㎖

塩麹――小さじ2
バゲットの角切り――適量

〈作り方〉

小鍋に**A**を入れて弱火にかける。香りが立ったら、ミニトマトと半分に切ったマッシュルームを加え、しんなりしたらさば缶を汁気をきって加え、塩麹を加えて温める。バゲットを添える。

シメの一品

3種の塩麹ふりかけのおむすび

シメにはやっぱり、
少しでいいからごはんもの。
ほどよい塩気の
小さなカラフルおむすびで、
じんわり余韻に酔いながら。

大根葉のふりかけ

玉ねぎカレーふりかけ

ちらし風ふりかけ

大根葉のふりかけ

〈材料・作りやすい分量〉

大根葉——120g

塩麹——大さじ1強

ごま油——小さじ2

白いりごま——大さじ1

〈作り方〉

1 大根葉はみじん切りにする。

2 フライパンにごま油を中火で熱し、**1**をよく炒める。水分がとんだら塩麹を加え、水分をとばすように炒める。仕上げにごまを加えてひと混ぜする。

玉ねぎカレーふりかけ

〈材料・作りやすい分量〉

玉ねぎのみじん切り——1/2個分(100g)

カレー粉——小さじ1

塩麹——大さじ1

なたね油——小さじ2

〈作り方〉

フライパンになたね油を中火で熱し、玉ねぎをよく炒める。きつね色になったら、カレー粉、塩麹を加え、水分をとばすように炒める。

ちらし風ふりかけ

〈材料・作りやすい分量〉

にんじん——1/3本(50g)

油揚げ——1枚

赤じそふりかけ、

塩麹——各小さじ2

〈作り方〉

1 にんじんはせん切りにする。油揚げは熱湯にくぐらせて油抜きをし、縦半分に切ってから短冊切りにする。

2 鍋に**1**と赤じそふりかけ、塩麹を入れる。ふたをして弱火にし、水分がなくなるまで蒸し煮にして、さっとへらで混ぜる。

【塩麹ふりかけのおむすび】

ごはんにふりかけ適量を混ぜ、握る。

◎各ふりかけは冷蔵庫で3日保存可。

酒粕

酒から生まれたものだから、おつまみとしても最高の素材です。

別名「酒骨（さかぼね）」とも呼ばれる酒粕。酒の副産物として生まれるものですが、実は栄養的には酒そのものよりもずっと優れているのです。含まれる栄養素は、たんぱく質、ミネラル、アミノ酸、食物繊維など実に多彩。さらに、豊富に含まれるビタミンB群が新陳代謝を促し、美肌効果まであります。

ちなみに、和のイメージが強い酒粕ですが、油と塩と合わせると、まるで乳製品のような味わいになり、洋風のおつまみにも大活躍。ちょっと軽めの仕上がりになるので、お酒に合わせるには、実にちょうどいいあんばいなのです。

また、酒粕にはさまざまな種類があり、選ぶ際に迷うことも多いのですが、醸造アルコールが添加されていない、より自然に近いものが味わいの面でもおすすめです。

・寺田本家の酒粕・

使う酒粕によって、料理の味わいも変わります。
長く保存したい場合は、冷凍するのがおすすめ。

どぶろくの酒粕

鎌倉時代のどぶろく仕込みを再現した「醍醐のしずく」の酒粕で、昔ながらの槽(ふね)搾りでバラバラな形。甘酸っぱく、おかゆ状に溶けるため、甘酒、粕汁には不向き。お菓子作りなどにおすすめ。

清酒の酒粕

圧搾機で酒を搾ったあとの状態そのまま。寺田本家では「自然酒酒粕」がこのタイプ。一般的に手に入りやすいのが“板粕”とも呼ばれるこちらの形状で、今回のレシピでも、こちらを使っています。

熟成酒粕

こちらはちょっと別もの。寺田本家の「自然酒酒粕（板粕）」を蔵内のタンクで1〜2年長期熟成させたもので、うまみたっぷり。今回のレシピでは登場しませんが、奈良漬けや粕漬けに使用します。

玄米酒の酒粕

玄米の粒がそのまま残り、栄養価が高く食物繊維も豊富な寺田本家オリジナルの酒粕。独特の酸味があり、粒が溶けないため甘酒、粕汁には不向き。粒々を生かした料理やお菓子作りに。

簡単おつまみ

みそ粕漬け4種

ふわりと広がっていく、酒粕ならではの華やかな香り。短時間なら軽やかに、じっくり漬ければ力強く。好みの加減を選べるのも、わがままなお酒飲みには最高です。

にんじん　　厚揚げ

みそ粕漬け4種

作り方… P.48－P.49

ゆで卵
長いも

みそ粕漬け床

〈材料・作りやすい分量〉
酒粕、みそ――各150g
みりん――大さじ2
下準備：酒粕は室温にもどしてやわらかくしておく。

〈作り方〉
材料を合わせてフードプロセッサーにかけ、ペースト状にする。
◎漬け床は2回ほど使える。使い終わった分は、粕汁などに使うとよい。

厚揚げのみそ粕漬け

〈材料・2人分〉
厚揚げ――1/2枚（100g）
みそ粕漬け床――100〜120g
（厚揚げの重さと同量〜1.2倍量）

〈作り方〉
1 厚揚げは熱湯をかけて油抜きをし、4等分に切る。
2 厚揚げが重ならずに並べられる大きさの保存容器に、漬け床の半量を広げる。ガーゼをかぶせ、厚揚げを並べる。さらにガーゼをかぶせ、残りの漬け床をのせて広げる（a）。冷蔵庫で1〜3日漬け、味をしみ込ませる。

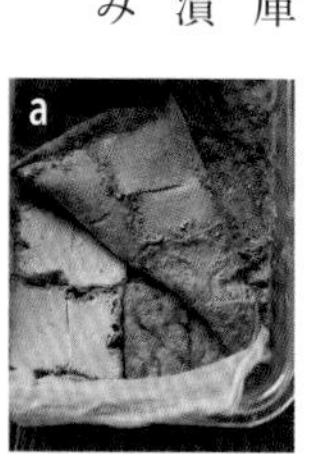
a

にんじんのみそ粕漬け

〈材料・2人分〉
にんじん――2/3本、
または小1本（100g）
みそ粕漬け床――100〜120g
（にんじんの重さと同量〜1.2倍量）

〈作り方〉
1 にんじんは縦4等分にする。
2 にんじんが重ならずに並べられる大きさの保存容器に、漬け床の半量を広げる。ガーゼをかぶせ、にんじんを並べる。さらにガーゼをかぶせ、残りの漬け床をのせて広げる。冷蔵庫で1〜3日漬け、味をしみ込ませる。
◎食べるときに適当な大きさに切る。

長いものみそ粕漬け

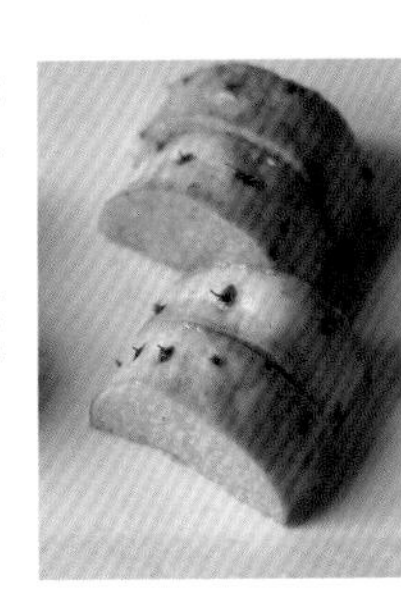

〈材料・2人分〉

長いも —— 100g

みそ粕漬け床 —— 100〜120g

（長いもの重さと同量〜1.2倍量）

〈作り方〉

1 長いもはひげ根を抜き、1㎝厚さの半月切りにする。

2 長いもが重ならずに並べられる大きさの保存容器に、漬け床の半量を広げる。ガーゼをかぶせ、長いもを並べる。さらにガーゼをかぶせ、残りの漬け床をのせて広げる。冷蔵庫で1〜3日漬け、味をしみ込ませる。

ゆで卵のみそ粕漬け

〈材料・2人分〉

半熟ゆで卵 —— 2個（100g）

みそ粕漬け床 —— 100〜120g

（卵の重さと同量〜1.2倍量）

〈作り方〉

ラップに漬け床をぬり広げ、殻をむいたゆで卵をのせて包む。ジッパーつきポリ袋に入れて封をし、冷蔵庫で1〜3日漬け、味をしみ込ませる。

◎食べるときに食べやすく切る。

あさりの酒粕蒸し煮

酒粕を使えば、うまみもグッと濃厚に。

〈材料・2人分〉

あさり —— 300g

酒粕 —— 30g

塩 —— 少々

下準備： あさりは3%の塩分の塩水に1時間ほどつけて砂抜きをする。

〈作り方〉

1 鍋に酒粕を小さめにちぎりながら入れ、水1/2カップ（分量外）を注ぐ。中火にかけ、沸いたらあさりを加え、塩をふり、ふたをして2〜3分蒸す。

2 あさりの口が開いたら、蒸し汁ごと器に盛る。

おつまみに便利な調味料

酒粕マヨネーズ

味わいの奥にある、こっくりとした深いうまみ。それでいて軽やかな、新しいテイストです。

〈材料・作りやすい分量〉

A 酒粕、豆乳(無調整)──各40g
　塩──ひとつまみ

酢──大さじ2
塩──小さじ1/4
こしょう──小さじ1/8
なたね油──大さじ4

下準備：酒粕は室温にもどしてやわらかくしておく。

〈作り方〉

1 **A**を小鍋に入れ、弱火にかける。へらで練るように混ぜながら、アルコール分と水分をとばすように3分ほど加熱する(**a**／80gほどあった**A**が60gほどになるまでが目安)。

2 深めの容器に**1**と残りの材料を入れてハンドブレンダーで混ぜ、乳化させる(**b**)。

◎冷蔵庫で2週間保存可。

材料

a

b

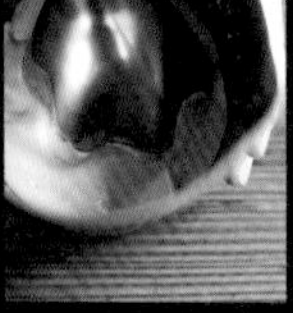

酒粕マヨネーズを使って
ポテトサラダ
作り方… P.52
いつものマヨネーズを、酒粕マヨネーズに置き換えて。
そのやさしい味わいは、素材の味に寄り添うように、
滋味深く、ちょっぴり大人のひと皿になりました。
野菜スティックの
酒粕みそマヨ添え
作り方… P.53
しいたけの
酒粕マヨ焼き
作り方… P.53

ポテトサラダ

〈材料・作りやすい分量〉

じゃがいも —— 大3個(350g)
にんじん —— 1/5本(30g)
きゅうり —— 1/2本
塩 —— 適量
酒粕マヨネーズ(作り方は50ページ) —— 大さじ4強
こしょう —— 少々

〈作り方〉

1 じゃがいもはひと口大に切り、鍋に入れる。塩少々をふり、水大さじ1程度(分量外)を加えてふたをし、弱火にかけてやわらかくなるまで蒸す。にんじんは薄いいちょう切りにし、同様に蒸す。

2 きゅうりは薄い輪切りにし、塩少々をまぶしてしばらくおき、出てきた水分をしぼる。

3 ボウルに**1**と**2**を入れて混ぜ、酒粕マヨネーズとこしょうを加えて全体を混ぜる。

野菜スティックの酒粕みそマヨ添え

〈材料・作りやすい分量〉

A
- **酒粕マヨネーズ**（作り方は50ページ）——大さじ4強
- みそ——大さじ1
- にんにくのすりおろし——1/4かけ分

セロリ、赤大根、きゅうり——各適量

〈作り方〉

1 **A**を混ぜ合わせる。

2 野菜をスティック状に切り、**1**をつけながら食べる。

しいたけの酒粕マヨ焼き

〈材料・作りやすい分量〉

生しいたけ——4個
しょうゆ、**酒粕マヨネーズ**（作り方は50ページ）、青のり——各適量

〈作り方〉

1 しいたけは軸を切り落とす。

2 かさの裏側にしょうゆをぬり、酒粕マヨネーズをのせ、オーブントースターで10分ほど焼く。仕上げに青のりをふる。

ヘルシーおつまみ

おからとごぼうのリエット

この濃厚な満足感は、酒粕だからこそ。
ごぼうの土の香りとおからの大豆の風味を生かした、
植物性のヘルシーなリエットです。

〈材料・作りやすい分量〉
おから —— 80g
ごぼう —— 細めのもの1本(100g)
紫玉ねぎのみじん切り —— 小1/3個分(30g)
酒粕 —— 100g
塩 —— 大さじ1/2
こしょう —— 小さじ1/4
なたね油 —— 大さじ2
バゲット —— 適量

下準備:酒粕は室温にもどしてやわらかくしておく。

〈作り方〉
1 ごぼうはささがきにする。
2 鍋になたね油を弱火で熱し、**1**を5分ほど、火が通るまでよく炒める。
3 **2**に酒粕と塩を加え、ひたひたまで水(分量外)を加える。中火で水分がごく少なくなるまで、へらで混ぜながら煮詰める(**a**)。
4 **3**をフードプロセッサーにかけ、なめらかなペースト状にする。
5 **4**とおから、紫玉ねぎ、こしょうを合わせてよく混ぜる。バゲットなど好みのパンにぬって食べる。

a

ファラフェル 酒粕ヨーグルトソース添え

ファラフェルはひよこ豆で作った中東のコロッケ。ヨーグルトソースを添えるのが定番です。おからと酒粕で作ったら、ビールによく合う味わいに。

〈材料・2～3人分／12個分〉

おから —— 120g

A
- 玉ねぎのみじん切り —— 1/4個分(50g)
- パセリのみじん切り —— 大さじ2強
- カレー粉 —— 小さじ1/2
- 塩 —— 小さじ1/2

米粉 —— 25g

揚げ油、**酒粕ヨーグルトソース**(作り方は57ページ) —— 各適量

〈作り方〉

1 おからに**A**を加えて混ぜる。米粉を加えてさらに混ぜ、直径2㎝程度に丸める。

2 鍋に揚げ油を170度に熱し、**1**をこんがりと揚げる。器に盛り、酒粕ヨーグルトソースを添える。

酒粕ヨーグルトソース

〈材料・作りやすい分量〉

A
酒粕――20g
塩――小さじ1/4
水――20㎖

豆乳(無調整)――80㎖
レモン汁――小さじ1
にんにくのすりおろし、クミンパウダー――各少々

下準備：酒粕は室温にもどしてやわらかくしておく。

〈作り方〉

1 **A**を鍋に入れて中火にかける。2～3分へらで混ぜながら、アルコール分をとばす。そのまま冷ます。

2 **1**に豆乳、レモン汁、にんにく、クミンパウダーを加え、ハンドブレンダーで混ぜる。

◎ファラフェルのソース以外に、きゅうりやトマトを和えてサラダにも。

かきフライ風

かきならではのほろ苦さを、酒粕で再現しました。
ふわりと鼻に抜ける磯の香りは、のりの力量。
味はもとより、ぷりんとした食感&見た目もほぼ本物！

〈材料・2～3人分／12個分〉

山いも(または大和いも)――50g
酒粕――20g
まいたけ――1パック(100g)
焼きのり――全形2枚
塩――小さじ1/4
薄力粉――適量

A
薄力粉――大さじ4
塩――ひとつまみ
水――大さじ5

パン粉、揚げ油――各適量
キャベツのせん切り、
レモンのくし形切り――各適量

下準備：酒粕は室温にもどして
やわらかくしておく。

a

b

〈作り方〉

1 酒粕と山いもを合わせてフードプロセッサーにかけ、しっかりと混ぜる。

2 まいたけは食べやすい大きさに裂き、のりは小さめにちぎる。

3 ボウルに**1**と**2**、塩を入れてもみながら混ぜる（**a**）。

4 バットに薄力粉を広げ、ひと口大に丸めた**3**を入れて全体にまぶす（**b**）。

5 **A**をよく混ぜ合わせ、**4**をくぐらせる。全体にパン粉をまぶす。

6 鍋に揚げ油を170度に熱し、**5**を香ばしく揚げる。器に盛ってキャベツとレモンを添える。好みで甘酒ソース(分量外／作り方は105ページ)をかけてもおいしい。

◎酒粕マヨネーズ（作り方は50ページ）をつけて食べても。

肉・魚のおつまみ

豚肉の西京焼き風

肉のうまみと酒粕の香りが重なって、日本酒によし、ビールにもまたよし。

〈材料・2人分〉
豚ロース厚切り肉――2枚(200g)
酒――小さじ2
塩――小さじ1/2
西京風漬け床(上記参照)――160g
(肉の重さの8割)
なたね油――少々

〈作り方〉
1 豚肉に酒をまぶして全体に塩をふり、30分ほどおく。出てきた水気をペーパータオルでふく。
2 ラップ2枚に漬け床を半量ずつぬり広げ、**1**を1枚ずつ包む。ジッパーつきポリ袋に入れて封をし、冷蔵庫で1~3日漬ける。
3 フライパンになたね油を弱火で熱し、漬け床をぬぐった豚肉を入れて、両面に火が通るまで香ばしく焼く。
◎ラップを使うので、漬け床が少なくてすむのがいいところ。ぬぐった漬け床は、煮物など、よく火を通す料理になら再利用できる。

西京風漬け床

〈材料・作りやすい分量〉
酒粕――120g
2倍濃縮甘酒――80g
みりん――大さじ1/2
塩――小さじ1と1/3
下準備:酒粕は室温にもどしてやわらかくしておく。

〈作り方〉
材料を合わせてフードプロセッサーにかけ、ペースト状にする。

さわらの西京焼き風

少し焦げるくらいの香ばしさがまた、
お酒にはちょうどいいのです。

〈材料・2人分〉

さわらの切り身――2切れ（200g）
酒――小さじ2
塩――小さじ1/2
西京風漬け床（作り方は60ページ）――160g（魚の重さの8割）
なたね油――少々
大葉――2枚
大根おろし――適量

〈作り方〉

1 さわらに酒をまぶして全体に塩をふり、30分ほどおく。出てきた水気をペーパータオルでふく。

2 ラップ2枚に漬け床を半量ずつぬり広げ、**1**を1枚ずつ包む。ジッパーつきポリ袋に入れて封をし、冷蔵庫で1〜3日漬ける。

3 フライパンになたね油を弱火で熱し、漬け床をぬぐったさわらを入れて、両面に火が通るまで香ばしく焼く。器に盛り、大葉と大根おろしを添える。

酒粕タンドリーチキン

スパイスと酒粕、実は相性ばつぐんです。
おなじみのインドの人気メニューに、
酒粕の風味をプラスしたら、おつまみ感がよりアップ。

〈材料・2人分〉

鶏もも肉 —— 小1枚(200g)
トマト —— 小1/2個(50g)
酒 —— 小さじ2
塩 —— 小さじ1/2

A
にんにく、しょうが —— 各1/2かけ
酒粕 —— 20g
豆乳(無調整) —— 40mℓ
カレー粉 —— 小さじ1
塩 —— 小さじ1/2
なたね油 —— 小さじ2

なたね油 —— 小さじ1
香菜 —— 適量

下準備： 酒粕は室温にもどしてやわらかくしておく。

〈作り方〉

1 鶏肉はひと口大に切る。酒をまぶし、全体に塩をふって30分ほどおく。出てきた水気をペーパータオルでふく。

2 **A**を合わせてフードプロセッサーにかけ、ペースト状にする。1〜2㎝角に切ったトマトと合わせ、ジッパーつきポリ袋に入れる。**1**を加え、袋の上からもんでなじませる。空気を抜いて封をし、冷蔵庫で半日以上漬け込む。

3 フライパンになたね油を中火で熱し、**2**を入れて、両面に火が通るまで焼く。器に盛り、香菜を添える。

チーズ風味のおつまみ

酒粕に油と塩を合わせると、
不思議なことに
まるでチーズのような味わいに。
一気に洋の空気をまとって、
とっておきのおつまみが
出来上がるのです。

にんじんと
酒粕粉チーズのラペ
作り方… P.68

じゃがいもの
大根葉ジェノバソース和え
作り方… P.68

ホワイトソースのベースは、
酒粕粉チーズです。
ほんのり漂う酒粕の香りに、
お酒がすすむグラタンです。

酒粕クリームのえびグラタン

作り方…P.69

酒粕に移る、フルーツの甘さ。
フルーツが抱き込んだ、
酒粕の芳醇な香り。
大切に味わう、とっておき。

酒粕クリームチーズとドライフルーツのディップ

作り方… P.70

さくさくのクラッカーは、
たっぷりペッパーがアクセント。
塩でぐっと引き出された
酒粕のうまみそのものを味わって。

酒粕ペッパークラッカー

作り方… P.71

酒粕粉チーズ

〈材料・作りやすい分量〉

酒粕——70g
米粉——50g
なたね油——大さじ2
塩——小さじ1

下準備：酒粕は室温にもどしてやわらかくしておく。オーブンを140度に予熱する。

〈作り方〉

1 材料を合わせてフードプロセッサーにかけ、ポロポロの状態にする（**a**）。

2 オーブンシートを敷いた天板に、**1**を広げ、140度に熱したオーブンで10～15分焼く（**b**）。

◎冷蔵庫で1カ月保存可。

a

b

にんじんと酒粕粉チーズのラペ

〈材料・作りやすい分量〉

にんじんのせん切り—1本分（150g） 塩—ひとつまみ りんご酢—小さじ1 こしょう—少々 **酒粕粉チーズ**（上記参照）—大さじ2 ルッコラ—適量

〈作り方〉

ボウルににんじんを入れて塩をまぶし、しんなりしたら、りんご酢とこしょうを加えて混ぜ、酒粕粉チーズも加えてさっと混ぜる。器に盛り、ルッコラを添える。

じゃがいもの大根葉ジェノバソース和え

〈材料・作りやすい分量〉

大根葉—120g **A**【にんにく—1かけ レモン汁—小さじ1/2 塩—小さじ1 オリーブオイル—90㎖】 **酒粕粉チーズ**（上記参照）—30g じゃがいも（食べやすく切って蒸す）—大3個（350g） さやえんどう（ゆでる）—1パック（100g）

〈作り方〉

1 大根葉はさっとゆで、ざるにあげて冷ます。水気をしっかりしぼり、ざく切りにする。

2 **1**と**A**を合わせてフードプロセッサーにかけ、ペースト状にする。酒粕粉チーズを加えて混ぜる。

3 じゃがいも、さやえんどうを**2**のジェノバソース大さじ4で和える。

◎ジェノバソースは冷蔵庫で5日保存可。

酒粕クリームのえびグラタン

〈材料・直径18cm×高さ3cmのグラタン皿1個分〉

えび(ブラックタイガーなど)
—— 6尾(100g)
グリーンアスパラガス
—— 2~3本(50g)
玉ねぎの薄切り —— 1/2個分(100g)
にんにくのみじん切り —— 1/2かけ分
酒粕粉チーズ
(作り方は68ページ/手順**1**までの
オーブンで焼く前のもの) —— 50g
豆乳(無調整) —— 150mℓ
塩 —— 適量
酒 —— 少々
こしょう —— 少々
なたね油 —— 小さじ2

A
パン粉 —— 大さじ1
オリーブオイル —— 小さじ1
塩 —— ひとつまみ

〈作り方〉

1 えびは殻をむき、背わたを取る。塩少々と酒をふり、30分ほどおいて出てきた水気をペーパータオルでふく。アスパラガスは3cm長さに切る。

2 フライパンになたね油小さじ1を入れ、**1**をさっと炒める。塩少々をふって取り出す。

3 フライパンになたね油小さじ1を足し、にんにくを入れて弱火にかける。香りが立ったら中火にして玉ねぎを加えて炒める。しんなりしたら酒粕粉チーズを加え、弱火で炒め合わせる。

4 **3**に豆乳を加えてのばし、塩少々、こしょうを加えて混ぜる。

5 グラタン皿に**2**を広げ入れ、**4**をかけ、混ぜ合わせた**A**を全体にふりかける。オーブントースターで焼き色がつくまで焼く。

◎オーブンで焼く場合は、170度に予熱したオーブンで10分ほど焼く。

酒粕クリームチーズとドライフルーツのディップ

〈材料・作りやすい分量〉

酒粕——50g
水——50㎖

A
豆乳(無調整)——50㎖
ゆず果汁——1/2個分
塩——ひとつまみ
なたね油——大さじ1

B
ゆずの皮——1/2個分
ドライいちじく——40g
レーズン——30g
くるみ(素焼き)——30g

下準備：酒粕は室温にもどしてやわらかくしておく。

〈作り方〉

1 鍋に酒粕と水を入れ、よく混ぜながら弱火にかけ、鍋底が見えるまで水分をとばし、しっかり練り上げる(a)。火を止めて冷ます。

a

2 **1**と**A**を合わせてフードプロセッサーにかけ、ペースト状にする。

3 **B**をそれぞれに刻んで**2**に混ぜ、2〜3時間おいて味をなじませる。

◎塩麹クラッカー(下記参照)に添えて。

塩麹クラッカー

〈材料・作りやすい分量〉

塩麹——小さじ1
米粉——100g
アーモンドプードル——30g
片栗粉——20g
なたね油——大さじ3
豆乳(無調整)——大さじ4〜

下準備：オーブンを140度に予熱する。

〈作り方〉

1 豆乳以外の材料をボウルに入れ、混ぜる。

2 **1**に豆乳大さじ4を加えてまとめる。まとまらないようなら少しずつ足し、ようやくひとまとまりになる程度のかたさにする。

3 生地をひとまとめにして、大きめのオーブンシートで挟み、めん棒で2〜3㎜厚さにのばす。水分量

酒粕ペッパークラッカー

〈材料・作りやすい分量〉

薄力粉 ―― 200g
酒粕 ―― 40g
なたね油 ―― 大さじ4
塩 ―― 小さじ1
粗びき黒こしょう ―― 小さじ2/3
水 ―― 大さじ4

下準備： 酒粕は室温にもどしてやわらかくしておく。
オーブンを150度に予熱する。

〈作り方〉

1 ボウルに水以外の材料を入れ、へらで混ぜる。ある程度まとまってきたら手で全体に油を行き渡らせるように混ぜ、ポロポロの状態にする（**a**）。

2 **1**に水を加え、練らないようにへらでさっとまとめる（**b**）。

3 薄力粉（分量外）をはたいた台の上に**2**の半量をのせてめん棒で2㎜厚さにのばし、1㎝幅の棒状に切る（**c**）。残り半量も同様に作る。

4 オーブンシートを敷いた天板に、**3**を並べる。

4 の少ない生地でのばしづらいので、半量に分けてのばすとやりやすい。正方形に切り、フォークで穴をあける。オーブンシートごと天板にのせ、140度のオーブンで20～25分焼く。生地がまだやわらかいようなら、オーブンにそのまま放置し、余熱で水分をとばす。

5 150度に熱したオーブンで25～30分焼く。カリッとしていない場合は、オーブンにそのまま放置し、余熱で水分をとばす。

◎**3**でのばしづらいほどベタつくようなら、薄力粉を少量ずつ足す。

a

b

c

シメの一品

粕汁すいとん

飲みの仕上げにうれしい、
ホッと落ち着く素朴な汁もの。
もっちりしたすいとんと
酒粕の風味がやさしい一杯は、
飲みすぎなうえに食べすぎた
体にじんわりしみていきます。

〈材料・2人分〉

大根——50g
にんじん——1/5本(30g)
ごぼう——1/5本(30g)
しめじ——1/3パック弱
長ねぎ——15㎝
油揚げ——1/2枚
酒粕、みそ——各大さじ2
塩——小さじ1/4
ごま油——小さじ2

【すいとん】

薄力粉——30g
水——大さじ2
塩——ひとつまみ

青ねぎの小口切り——適量

下準備：酒粕は室温にもどしてやわらかくしておく。

〈作り方〉

1 大根とにんじんは薄いいちょう切り、ごぼうはささがき、しめじは根元を切り落とし、ほぐす。長ねぎはぶつ切りにする。油揚げは縦半分に切ってから短冊切りにする。

2 鍋にごま油を熱し、弱火でごぼうをよく炒める。焼き色がついたら大根、にんじん、しめじを加えて炒め合わせ、水500㎖(分量外)と酒粕を加える。沸いたらそのまま2〜3分煮て、長ねぎと油揚げを加えてひと煮立ちさせ、みそを溶き入れて塩をふる。

3 ボウルにすいとんの材料を合わせて混ぜ、スプーンなどで軽く形を整えながら**2**に落としていく。2分ほど煮たら器に盛り、青ねぎを散らす。

column.1

塩麹と甘酒で作る

drink ノンアルコールドリンク

**飲めないけれど、気分だけでも味わいたい。
そんなときの、おしゃれで体にやさしい一杯。
暑い日や、元気を出したいときにも、
発酵の力を手軽に取り入れられるドリンクです。**

甘酒モヒート

ミントの爽快感と、
ライムの心地よい酸味。
甘酒を使って、
やさしい味わいに仕上げます。

・材料　1人分

2倍濃縮甘酒 —— 60g
ライム —— 1/4個
ミント —— 適量
炭酸水 —— 80mℓ

・作り方

1. グラスに甘酒と3等分に切ったライムを入れ、すりこぎなどでライムをよくつぶす。
2. ミントを加えて軽くつぶし、炭酸水を注ぐ。

塩麹とグレープフルーツの
相性に驚く、
シュワッとさわやかな
ヘルシーカクテル。

塩麹ソルティードッグ

・材料　1人分

グレープフルーツジュース、
　炭酸水 —— 各60mℓ
塩麹 —— 小さじ1/3

・作り方

グラスに材料を入れ、
混ぜ合わせる。

いちごスパークリング甘酒

二層になった、ビジュアルもキュート。
少しずつ混ぜて、味わいを変えながら。

・材料　1人分

いちご —— 60g
2倍濃縮甘酒 —— 40g
豆乳（無調整） —— 40mℓ
炭酸水 —— 50mℓ

・作り方

1. いちごはざっと刻んで鍋に入れ、弱めの中火にかける。半量になる程度まで煮詰め、冷ます。
2. 容器に甘酒と豆乳、炭酸水を合わせる。
3. グラスの底に**1**を入れ、**2**を注ぐ。

甘酒

お酒がすすむ〝甘辛味〟に、
さらなる深みを添えてくれます。

じんわりしみわたる甘さは、発酵の力。この味わいは、米のでんぷんを麹が糖化させることで生まれます。甘酒は、脳のエネルギー源といわれるブドウ糖や、筋肉のエネルギー代謝に欠かせないイソロイシンなどをはじめとする必須アミノ酸、さらにビタミンB群や葉酸なども豊富に含み、〝飲む点滴〟と呼ばれるほど。

名前に〝酒〟という字がつきますが、アルコール分はゼロ。おつまみだけでなく、おかず作りにも、砂糖代わりにどんどん活用してほしい素材です。

今回は、左ページのレシピによる自家製甘酒を使用していますが、こちらは濃厚な味わいが特徴。市販のものを使う場合は、〝2倍濃縮タイプ〟とされているものを使ってください。

・寺田本家の甘酒の作り方・

濃厚な2倍濃縮タイプの甘酒。
甘さが足りない場合は、加熱時間を増やして。

〈材料・作りやすい分量／出来上がり量500g〉

米麹――100g
冷めたごはん――300g
熱湯――300mℓ

〈作り方〉

1 冷めたごはんを炊飯器の内釜に入れ、熱湯を加えてよく混ぜる。
2 米麹を手でほぐしながら加える。
3 へらなどでよく混ぜる。
4 ごみが入らないようにふきんをかぶせて「保温」にセットする。ふたをせずに10～15時間おく。
5 少し色づき、甘みが出たら完成。

◎冷蔵庫で保存する場合は、鍋に移して中火にかけ、焦げないようにかき混ぜながら一度沸かして発酵を止める。1週間保存可。冷凍する場合は、火にかけずそのままで1カ月間保存可。

材料

1

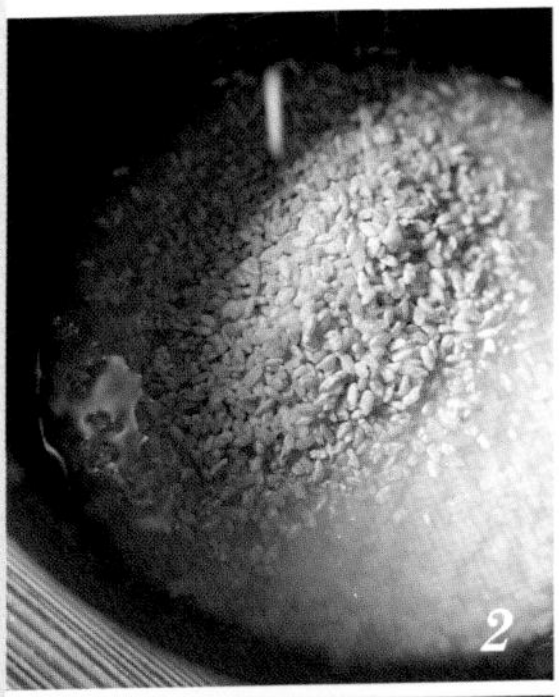

2

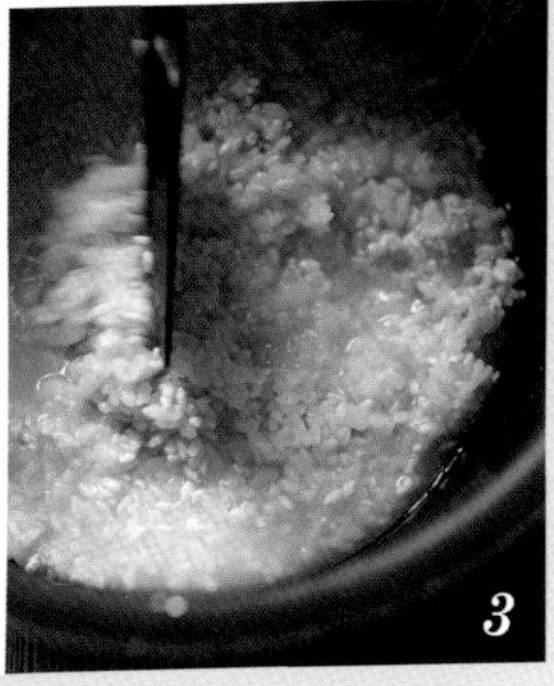

3

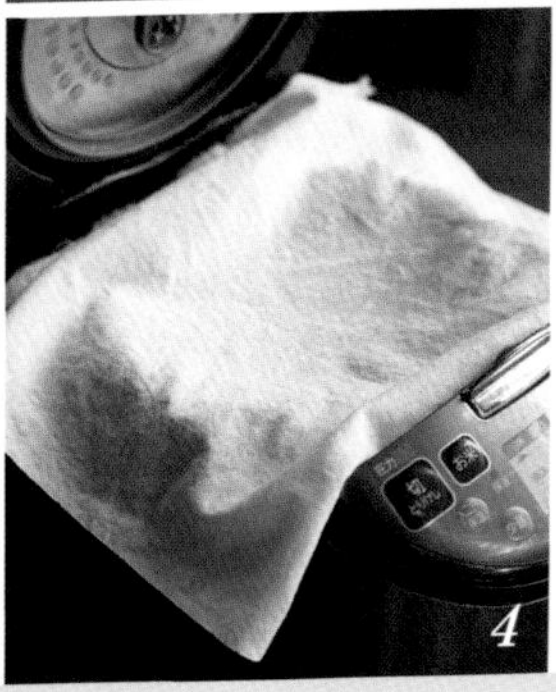

4

5

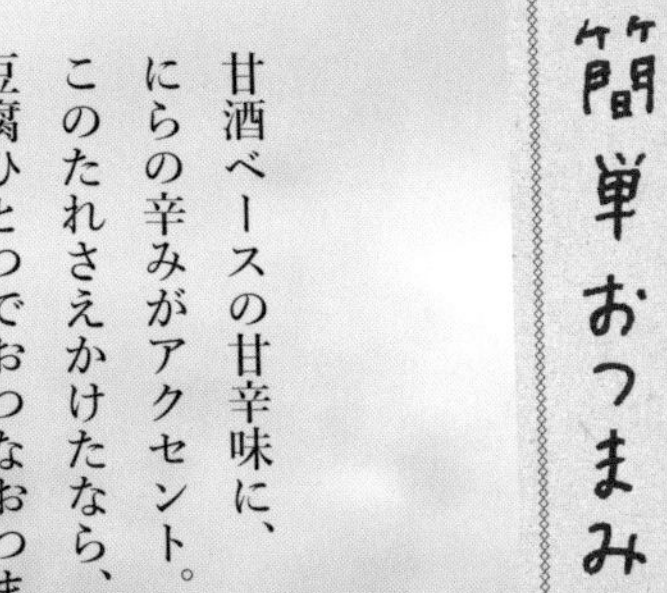

簡単おつまみ

甘酒ベースの甘辛味に、
にらの辛みがアクセント。
このたれさえかけたなら、
豆腐ひとつでおつなおつまみ。

甘酒にらだれ
〜湯豆腐にかけて

作り方… P.80

甘酒を使ったたれは、
やさしい甘さが特徴です。
薬味いっぱいで仕上げたり、
シンプルに酢と合わせたり。
「とりあえず」の一品に、大活躍間違いなし。

よだれ鶏のたれ
〜焼きなすにかけて
作り方… P.80

ゆで卵の
甘酢ソース漬け
作り方… P.81

甘酒にらだれ

〈材料・作りやすい分量〉

にら —— 1/2束（50g）

2倍濃縮甘酒 —— 大さじ4

酒 —— 60mℓ

しょうゆ —— 120mℓ

〈作り方〉

1 にらはみじん切りにする。

2 鍋に甘酒と酒を入れて火にかける。沸いたら火を止め、冷ます。**1**としょうゆを加え、1時間以上おいて味をなじませる。

◎冷蔵庫で2週間保存可。

◎湯豆腐のほか、冷ややっこ、蒸した野菜などにかけてもおいしい。

よだれ鶏のたれ

〈材料・作りやすい分量〉

A
- **2倍濃縮甘酒**、みそ —— 各大さじ2弱
- 酢、ごま油 —— 各大さじ2
- 一味唐辛子 —— 小さじ1/2〜

長ねぎのみじん切り —— 5cm分

にんにくのみじん切り —— 1/2かけ分

〈作り方〉

ボウルに**A**を入れ、長ねぎとにんにくを加えて混ぜる。

◎冷蔵庫で2週間保存可。

◎ごま油で焼き、軽く塩をふったなすにかけて。仕上げにざく切りにした香菜をのせる。蒸し鶏にかけても、もちろんおいしい。

ゆで卵の甘酢ソース漬け

〈材料・作りやすい分量〉

【甘酢ソース】
2倍濃縮甘酒 —— 大さじ2
塩 —— 小さじ1/4
酢 —— 大さじ1/2

ゆで卵 —— 2個

〈作り方〉

1 ボウルに甘酢ソースの材料を入れ、混ぜる。

2 ジッパーつきポリ袋に**1**とゆで卵を入れ、空気を抜いて封をし、冷蔵庫で1日〜1週間おく。

わけぎと油揚げの甘酒酢みそ和え

甘酒のからし酢みそは、やわらかな味わい。

〈材料・作りやすい分量〉

わけぎ —— 1/2束(100g)
油揚げ —— 1/2枚

A
2倍濃縮甘酒 —— 大さじ2
みそ —— 小さじ2
酢 —— 小さじ1
練りからし —— 小さじ1/4
塩 —— ひとつまみ

〈作り方〉

1 鍋に湯を沸かし、わけぎを根元から入れる。根元に少し火が通ったら、折り曲げるようにして全体を入れ、色が変わる程度にさっとゆでる。ざるにあげて冷まし、4〜5㎝長さに切る。

2 油揚げは縦半分に切ってから短冊切りにする。フライパンに入れ、カリッとするまでからいりする。

3 ボウルに**A**を入れて混ぜ、**1**と**2**を加えて和える。

おつまみに便利な調味料

甘酒ピリ辛だれ

ごまが香る、ほんのり韓国気分のたれ。唐辛子はまろやかな韓国産のものを使って。

〈材料・作りやすい分量〉

2倍濃縮甘酒 —— 大さじ2
しょうゆ —— 1/4カップ
長ねぎのみじん切り —— 10㎝分
白いりごま、ごま油 —— 各大さじ1
韓国産粉唐辛子 —— 小さじ1

〈作り方〉

ボウルに材料を入れ、混ぜ合わせる。冷蔵庫で1日ねかせる。
◎冷蔵庫で1カ月保存可。

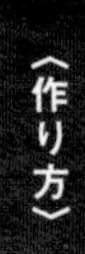

甘酒ピリ辛だれを使って
甘さの中に、ピリッと心地よい辛さ。
淡泊な素材もこれひとつで、
一気にお酒に合う味に。
白身魚の水炊き
作り方… P.84
こんにゃくステーキ
作り方… P.85
甘酒ピリ辛だれの
しそ漬け
作り方… P.85

白身魚の水炊き

〈材料・作りやすい分量〉

白身魚(たら)――2切れ
白菜――3〜4枚
春菊――1/2束(80g)
絹ごし豆腐――1/2丁(180g)
長ねぎ――1本
大根――100g
しめじ――1/2パック弱

酒、塩――各少々
A 酒――大さじ1
　 塩――小さじ1/2
甘酒ピリ辛だれ
(作り方は82ページ)――適量

〈作り方〉

1 たらは酒と塩をふり、30分ほどおく。出てきた水気をペーパータオルでふき、3〜4等分に切る。

2 白菜、春菊、豆腐は食べやすい大きさに切る。長ねぎは斜め薄切りに、大根は2㎜厚さの半月切りにする。しめじは根元を切り落とし、ほぐす。

3 鍋に水2〜3カップ(分量外)を入れ、沸いたら**A**を入れ、**1**、**2**を加えてふたをする。火が通ったら器に取り分けて、甘酒ピリ辛だれをかけて食べる。

こんにゃくステーキ

〈材料・2人分〉

こんにゃく（あく抜き済みのもの）——1枚（300g）

甘酒ピリ辛だれ（作り方は82ページ）、青ねぎの小口切り——各適量

ごま油——小さじ2

〈作り方〉

1 こんにゃくは5㎜厚さ程度の食べやすい大きさに切り、両面に斜め格子状の切り目を入れる。

2 フライパンにごま油を中火で熱し、**1**の両面を焼く。

3 器に**2**を盛り、甘酒ピリ辛だれをかけ、青ねぎを散らす。

甘酒ピリ辛だれのしそ漬け

〈材料・作りやすい分量〉

青じそ——10枚

甘酒ピリ辛だれ（作り方は82ページ）——40g

〈作り方〉

1 青じそはよく洗い、ペーパータオルで水気をよくふき取る。

2 保存容器に**1**を入れ、甘酒ピリ辛だれを上からかけて3時間以上漬ける。

ヘルシーおつまみ

甘辛れんこんつくね

コクのある甘辛だれを
からめたつくねは、
もっちりした食感が
くせになる味わい。
香ばしく炒めたしめじが、
実はおいしさの秘密です。

〈材料・2人分〉

れんこん――100g
玉ねぎ――小1/3個(30g)
しめじ――1/3パック弱(30g)
米粉――50g
塩――ふたつまみ
こしょう――少々
なたね油――小さじ1
揚げ油――適量

A
2倍濃縮甘酒――大さじ2
しょうゆ――大さじ1

好みで一味唐辛子――適量

〈作り方〉

1 れんこんは皮をむいてすりおろす。

2 玉ねぎはみじん切りに、しめじは根元を切り落とし、みじん切りにする。

3 フライパンになたね油を熱し、**2**を加えて中火で炒める。焦げないように注意しながら水分をしっかりととばし、塩をふる。

4 ボウルに**1**、**3**、こしょうを入れて混ぜ合わせる。米粉を加えてまとめ、ひと口大に丸める。

5 鍋に揚げ油を170度に熱し、**4**をきつね色になるまで揚げる。

6 フライパンに**A**を入れて混ぜ、弱火にかける。照りが出てきたら**5**を加え、全体にからめる。2個ずつ串に刺して器に盛り、好みで一味唐辛子をかける。

甘酒酢豚風

トマトジュースと
甘酒ベースの、
すっきりとした甘酢あん。
お肉を使わなくても、
厚揚げがいい仕事をします。
合わせるお酒を選ばない、
新鮮なおいしさです。

〈材料・2人分〉

ピーマン——1個
厚揚げ——1/2枚（100g）
玉ねぎ——1/4個（50g）
にんじん——小1/4本（40g）
れんこん——40g
生しいたけ——4個
にんにくのみじん切り
——1/2かけ分
塩——小さじ1/3
こしょう——少々
ごま油——大さじ1

A
トマトジュース（無塩）
——120mℓ
2倍濃縮甘酒——大さじ6弱
酢——大さじ1と1/2
しょうゆ——大さじ1

【水溶き片栗粉】
片栗粉、水——各大さじ1/2

〈作り方〉

1 ピーマンはへたと種を取り除いてやや大きめのひと口大に切る。厚揚げ、玉ねぎ、にんじん、れんこんもやや大きめのひと口大に切る。しいたけは石づきを切り落として同様に切る。

2 フライパンにごま油とにんにくを入れて中火にかけ、香りが立ったら、**1**の野菜を玉ねぎ、にんじん、れんこん、しいたけ、ピーマンの順に入れ、厚揚げを加えてさっと炒める。塩、こしょうをふる。

3 **A**をよく混ぜ合わせ、**2**に一気に加える。全体に味が回ったら、よく混ぜた水溶き片栗粉を回し入れ、全体を混ぜてとろみをつける。

おからナゲット
甘酒ケチャップ添え

揚げものは、やっぱりテンションが上がります。
おからと山いもで作った、ぽってりおいしいナゲットに、
とっておきのケチャップをたっぷりつけて。

〈材料・10個〉

山いも（または大和いも）――60g
玉ねぎ――小1/3個（30g）
A
おから――60g
塩――小さじ1/4
米粉――20g
揚げ油、**甘酒トマトケチャップ**（下記参照）――各適量

〈作り方〉

1 山いもと玉ねぎはすりおろす。
2 ボウルに**1**を入れ、**A**を加えてまんべんなく混ぜ合わせる。
3 **2**に米粉を加えて混ぜ合わせ、小判形に10個丸める。
4 鍋に揚げ油を180度に熱し、**3**をこんがりと揚げる。油をきって器に盛り、甘酒トマトケチャップを添える。

甘酒トマトケチャップ

〈材料・作りやすい分量〉

2倍濃縮甘酒――130g
玉ねぎ――1/4個（50g）
トマトピューレ――150g
塩――小さじ1と1/4
こしょう――小さじ1/4
酢――大さじ2

〈作り方〉

1 甘酒と玉ねぎを合わせてフードプロセッサーにかけ、ペースト状にする。
2 鍋に**1**を移し、トマトピューレを加えて混ぜながら弱火にかける。とろみがついてきたら塩、こしょうを加えてさらに混ぜ、酢を加えてひと煮立ちさせる。

◎粗熱が取れたら清潔な保存容器に入れ、冷蔵庫で1週間保存可。

肉・魚のおつまみ

〈材料・2人分〉
まぐろの刺身 —— 140g
A
2倍濃縮甘酒、しょうゆ —— 各大さじ1
にんにくのすりおろし —— 1/4かけ分
ごま油、白いりごま —— 各小さじ1
青ねぎの小口切り —— 適量

〈作り方〉
1 まぐろは1〜2㎝角に切る。
2 Aを混ぜ合わせ、1を漬けて冷蔵庫で半日以上おく。
3 食べる直前に青ねぎと混ぜ合わせて器に盛る。

サーモンとアボカドの甘酒ソース

脂がのったサーモンと、濃厚なアボカド。しっくりなじむ、甘酒とレモンの甘酸っぱさ。

〈材料・2人分〉

サーモンの刺身——60g
アボカド（皮と種を取り除く）——1/3個

A
2倍濃縮甘酒——大さじ2
薄口しょうゆ（またはしょうゆ）——小さじ2
レモン汁——小さじ1

〈作り方〉

1 **A**を混ぜ合わせる。

2 サーモンは1㎝厚さに切る。アボカドは5㎜厚さに切る。

3 器に**1**をひき、**2**を交互に並べて盛る。

なすの甘酒ボロネーゼ

ほんのり甘さを感じる、どこか懐かしい味わいです。甘酒とトマトジュースをしっかり煮詰めるのが、おつまみにぴったりの、濃厚な味わいの秘訣です。

〈材料・2人分〉

【ボロネーゼ】

豚ひき肉 —— 60g
玉ねぎのみじん切り —— 小1/2個分（80g）
にんにくのみじん切り —— 1かけ分
トマトジュース（無塩）—— 小1缶（160㎖）
2倍濃縮甘酒 —— 大さじ4
塩 —— 小さじ1/2
こしょう —— 少々
オリーブオイル —— 小さじ1

なす —— 2本（200g）
塩 —— 小さじ1/4
オリーブオイル —— 大さじ1
バジル、オレガノなど好みのハーブ（ドライ）—— 適量

〈作り方〉

1 ボロネーゼを作る。鍋にオリーブオイルとにんにくを入れ、弱火にかける。香りが立ったら、玉ねぎを加えてさっと炒め、しんなりしたらひき肉を加えて炒め合わせる。

2 トマトジュースと甘酒を加え、ときおり混ぜながら中火で煮詰める。へらで混ぜたときに、鍋底が見えるまで水分をとばしたら（a）、塩、こしょうで味を調える。

3 なすは乱切りにする。フライパンにオリーブオイルを熱してなすを入れ、塩をふって焼き目がつくまで炒める。

4 **3**に**2**を加えてからめ、ハーブをふる。

a

韓国おつまみ

ピリッと刺激的で、
ほどよく甘くて後を引く。
お酒がすすむ韓国料理は、
甘酒が得意とするところ。

オイキムチ
作り方… P.100

しょうゆ、ごま油、そして甘酒。
三者が出合って、やみつきの味に。
ツルツルの韓国春雨とシャキッと
野菜で、無限に食べたいおいしさ。

チャプチェ

作り方…P.101

ダッカルビ

作り方… *P.102*

これぞ甘辛韓国料理の王道。さつまいもが入っているのが、より本場感を醸し出し、ビールのピッチも上がります。

まろやかなおいしさの
甘酒を使う〝キムチの素〟。
これさえあれば、体にやさしい
こんな逸品もおまかせです。

キムチチゲ

作り方… P.103

オイキムチ

〈材料・作りやすい分量〉

きゅうり —— 3本
大根のせん切り —— 70g
にんじんのせん切り —— 20g
塩 —— 適量

A
しょうが、にんにくのすりおろし —— 各1/2かけ分
2倍濃縮甘酒 —— 大さじ1と1/3
水 —— 120㎖
塩 —— 小さじ1

糸唐辛子 —— 適量

〈作り方〉

1 きゅうりは長さを4等分に切る。ボウルに入れて塩小さじ1/2をまぶし、2〜3時間おく。

2 別のボウルに大根とにんじんを入れ、塩ふたつまみをまぶす。10分ほどおき、しんなりさせる。

3 **1**のきゅうりに片側の断面から深く十字に切り目を入れ、**2**をたっぷりと挟む。

4 保存容器によく混ぜ合わせた**A**を入れ、**3**を入れる。**1**、**2**で出た水分も加え、常温で半日おいてから、冷蔵庫で熟成させる。器に盛り、糸唐辛子をのせる。

◎冷蔵庫で3〜4日保存可。
◎2日目ごろから酸味が出ておいしくなる。

チャプチェ

〈材料・2〜3人分〉

韓国春雨——100g
玉ねぎ——1/2個(100g)
にんじん——1/2本(80g)
ピーマン——1個
生しいたけ——2個
豆もやし——1/2袋
塩——小さじ1/4
ごま油——小さじ1

A
にんにくのすりおろし——1/2かけ分
2倍濃縮甘酒——1/4カップ
しょうゆ——大さじ2
ごま油——大さじ1

下準備：韓国春雨は水に1時間ほどつけておく。

〈作り方〉

1 玉ねぎは薄切りにする。にんじんはせん切りにする。ピーマンは縦半分に切り、へたと種を取り除き、繊維に沿って5㎜幅程度に切る。しいたけは石づきを切り落として薄切りにする。

2 フライパンにごま油を中火で熱し、**1**の野菜と豆もやしを材料表の右から順に炒め合わせる。塩をふり、一度取り出す。

3 春雨はたっぷりの湯で1分ほどゆで、ざるにあげる。流水で洗って引き締め、水気をきる。

4 よく混ぜ合わせた**A**をフライパンに入れ、中火にかける。沸いたら**3**を入れ、炒め煮にする。水分が少し残っている程度になったところで、**2**を戻し入れて煮からめる。

〈材料・2～3人分〉

鶏もも肉――130g
キャベツ――100g
玉ねぎ――1/4個(50g)
さつまいも――中1/4本(50g)
にんじん――1/4本(30g)
ピーマン――1個
塩――小さじ1/4
なたね油――大さじ1

A

2倍濃縮甘酒――大さじ2
にんにく、しょうがのすりおろし――各1/2かけ分
みそ――大さじ1
酒――大さじ1/2
韓国産粉唐辛子――大さじ1/2

ダッカルビ

〈作り方〉

1 鶏肉はひと口大に切り、よく混ぜ合わせた**A**に30分ほど漬ける。

2 キャベツはひと口大に切り、玉ねぎは薄切りにする。さつまいもとにんじんは5㎜厚さ程度の半月切りに、ピーマンはへたと種を取り除いて乱切りにする。

3 フライパンになたね油を中火で熱し、**2**をさっと炒めて塩をふる。その上に**1**を漬け汁ごとのせ、ふたをして10分ほど蒸し煮にする。

4 鶏肉に火が通ったら、全体を混ぜてなじませる。

キムチチゲ

〈材料・1～2人分〉

豚バラ薄切り肉——70g
白菜——1～2枚
長ねぎ——細めのもの1本
にら——1/5束(20g)
卵——1個
甘酒キムチの素(下記参照)——30g

A
酒——大さじ1
ナンプラー、しょうゆ——各小さじ1

ごま油——小さじ1

〈作り方〉

1 豚肉は食べやすく切り、甘酒キムチの素をもみ込んで10分ほどおく。

2 白菜はひと口大に切り、長ねぎは斜め薄切りにする。にらは2～3cm長さに切る。

3 鍋にごま油を中火で熱し、**1**を漬け汁ごと入れて炒める。肉に火が通ってきたら、水500mℓ(分量外)を加える。沸いたら**A**、**2**の白菜と長ねぎを加えて10分ほど煮る。にらを加えて卵を割り入れ、さらに1～2分煮る。

甘酒キムチの素

〈材料・作りやすい分量〉

2倍濃縮甘酒——100g
りんご——50g
にんにく、しょうが——各15g
韓国産粉唐辛子——20g
しょうゆ——大さじ1
酢、塩——各小さじ2
白すりごま——大さじ1強
長ねぎ——20cm

〈作り方〉

材料をすべて合わせてフードプロセッサーにかけ、ペースト状にする。1日ほど常温におき、冷蔵庫で保存する。

◎冷蔵庫で2週間保存可。
◎白菜を漬けたり、もどした切り干し大根を和えてもおいしい。

シメの一品

甘酒ソース焼きそば

甘酒ソースで、さらりと仕上げたシメの焼きそば。
箸が止まらぬしみじみとしたおいしさに、
シメるはずが、さらに飲みたくなるのが悩みです。

〈材料・2人分〉

焼きそば麺――2袋
豚薄切り肉――80g
キャベツ――200g
もやし――80g
塩――小さじ1/4
甘酒ソース（下記参照）――大さじ3
なたね油――小さじ2
青のり――少々

〈作り方〉

1 豚肉はひと口大に切る。キャベツは3㎝大程度に切る。

2 フライパンになたね油を中火で熱し、**1**の豚肉を炒める。色が変わってきたらキャベツともやしを入れ、塩をふってさらに炒める。

3 肉に火が通ったら、焼きそば麺を加えてほぐし、甘酒ソースを回しかけ、炒め合わせる。器に盛り、青のりをふる。

甘酒ソース

〈材料・作りやすい分量〉

2倍濃縮甘酒――大さじ5
玉ねぎ――1/4個（50g）
トマトピューレ――小さじ2
しょうゆ――大さじ4と1/2
酢――大さじ2
みりん――大さじ1
りんごジュース――小さじ2
こしょう――ふたつまみ

〈作り方〉

材料をすべて合わせてフードプロセッサーにかける。鍋に移して中火で沸かし、へらで混ぜながら、鍋底が見えるまで（a）、水分を3割ほどとばす。

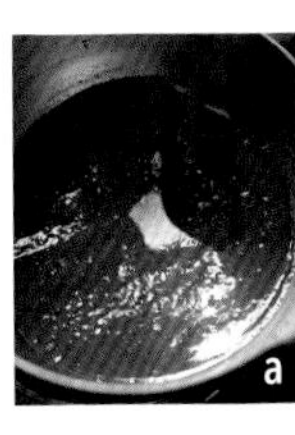

◎冷蔵庫で2週間保存可。

column.2

麹あんこと甘酒で作る

dessert

シメのシメのデザート

飲んだあと、恋しくなるのが甘いもの。
蔵人たちに大人気の、和と洋の味。
うっとりなのに軽やかな、発酵スイーツです。

麹あんこのフルーツサンド

旬の果物を、
たっぷりの麹あんこで挟んで。
このひと口が、至福です。

・**材料　作りやすい分量**

食パン（8枚切り）── 4枚
麹あんこ（作り方は107ページ）── 320g
いちご ── 小さめのもの8～10個
柿 ── 1個

・**作り方**

1. 食パン2枚に麹あんこを1/4量ずつのせ、1枚にへたを取ったいちごを並べる。もう1枚で挟み、食べやすい大きさに切る。

2. 食パン2枚に麹あんこを1/4量ずつのせ、1枚に皮と種を取り除いて食べやすく切った柿を並べ、もう1枚で挟む。食べやすい大きさに切る。

麹あんこ

・材料　作りやすい分量
(出来上がり量・約450g)

小豆(乾燥) —— 1カップ
水 —— 2カップ
熱湯 —— 1カップ
米麹 —— 200g
塩 —— ひとつまみ

・作り方

1. 小豆は洗ってざるにあげ、水気をきる。圧力鍋に入れ、水を加えてふたをし、中火にかける。圧力がかかったら、弱火で20分炊き、火を止めて10分蒸らす。圧力が抜けたら冷ます。

2. 1の圧力鍋に熱湯を加えて混ぜる。炊飯器の内釜に移し、米麹をほぐしながら加えてひと混ぜする。

3. ほこりなどが入らないようにふきんをかぶせ、ふたを開けたまま「保温」にセットして10～15時間温める。

4. 3を鍋に移し、塩をふる。中火にかけ、ゴムべらで水分をとばしながら練る。ある程度水分がとんだら弱火にし、鍋底にあんこがくっつくようになるまで10分ほどかけて練り上げる。

◎冷蔵庫で1～2日、冷凍庫で2週間保存可。

甘酒チョコババロア

豆腐をベースに、寒天と豆乳でふるふわに。
ココアが香る、大人テイストのおいしさ。

・材料（14×14×高さ7cmの容器1個分・630㎖）

A
- 木綿豆腐 —— 200g
- 米油 —— 50g
- ココア —— 20g
- 塩 —— ひとつまみ

B
- **2倍濃縮甘酒** —— 160g
- 豆乳（無調整）—— 160㎖
- 粉寒天 —— 小さじ1

・作り方

1. **A**をボウルに入れ、ハンドブレンダーでふんわりするまで混ぜる。

2. 鍋に**B**を入れ、へらで混ぜながら中火にかける。沸いたら火を止める。

3. 熱いうちに**2**を**1**に加え、ハンドブレンダーで混ぜてさらにふんわりさせる。容器に流し込み、冷蔵庫で冷やし固める。器に盛り、あればミント（分量外）を添える。

・材料(作りやすい分量)

2倍濃縮甘酒 —— 250g

レモン汁 —— 大さじ1/2

・作り方

1. 甘酒とレモン汁をバットなどに入れて混ぜ合わせ、冷凍庫でひと晩かけて凍らせる。

2. 1をフードプロセッサーに入れ、なめらかになるまで攪拌し、ジッパーつき保存袋やバットに移し、冷凍庫で凍らせる。器に盛り、あればレモンの輪切り（分量外）を添える。

甘酒レモンジェラート

材料はたったふたつ。
混ぜて凍らせるだけで、後味さっぱり、
極上デザートの完成です。

・寺田本家のお酒と酒粕、麹・

無農薬無化学肥料米と、蔵にすむ菌で造る自然酒。
そこからできる酒粕と、原料となる安心な米麹。

お酒

1. 五人娘純米酒 720㎖ 1,540円
寺田本家自然酒の原点である純米酒。昔からの生酛(きもと)仕込みで、生命力のある“百薬の長”たる酒を目指している。

2. 自然のまんま 720㎖ 1,870円
「五人娘純米酒」の生原酒。フレッシュ感あふれる心地よい酸味とコクがあり、濃醇な味わいが楽しめる。

3. 純米90 香取 720㎖ 1,309円
90%の低精白米を使い、米本来の濃いうまみが持ち味。生酛ならではの酸味も強く、飲み応えのある純米酒。

4. 発芽玄米酒 むすひ 720㎖ 1,650円
玄米を発芽させて造ったお酒。ぬか漬けのような香りと乳酸菌による酸味が強く、とても個性的な味わい。

5. 醍醐のしずく 720㎖ 1,705円
鎌倉時代から菩提山正暦寺に伝わるどぶろくの造り方である“菩提酛仕込”を再現した、甘酸っぱい味わいのお酒。

6. 木桶貴醸酒 ささ 720㎖ 3,520円
前年の酒を木桶で再仕込みするという贅沢な醸造方法で醸した、上品でふくよかな甘みと余韻ある味わいの甘口酒。

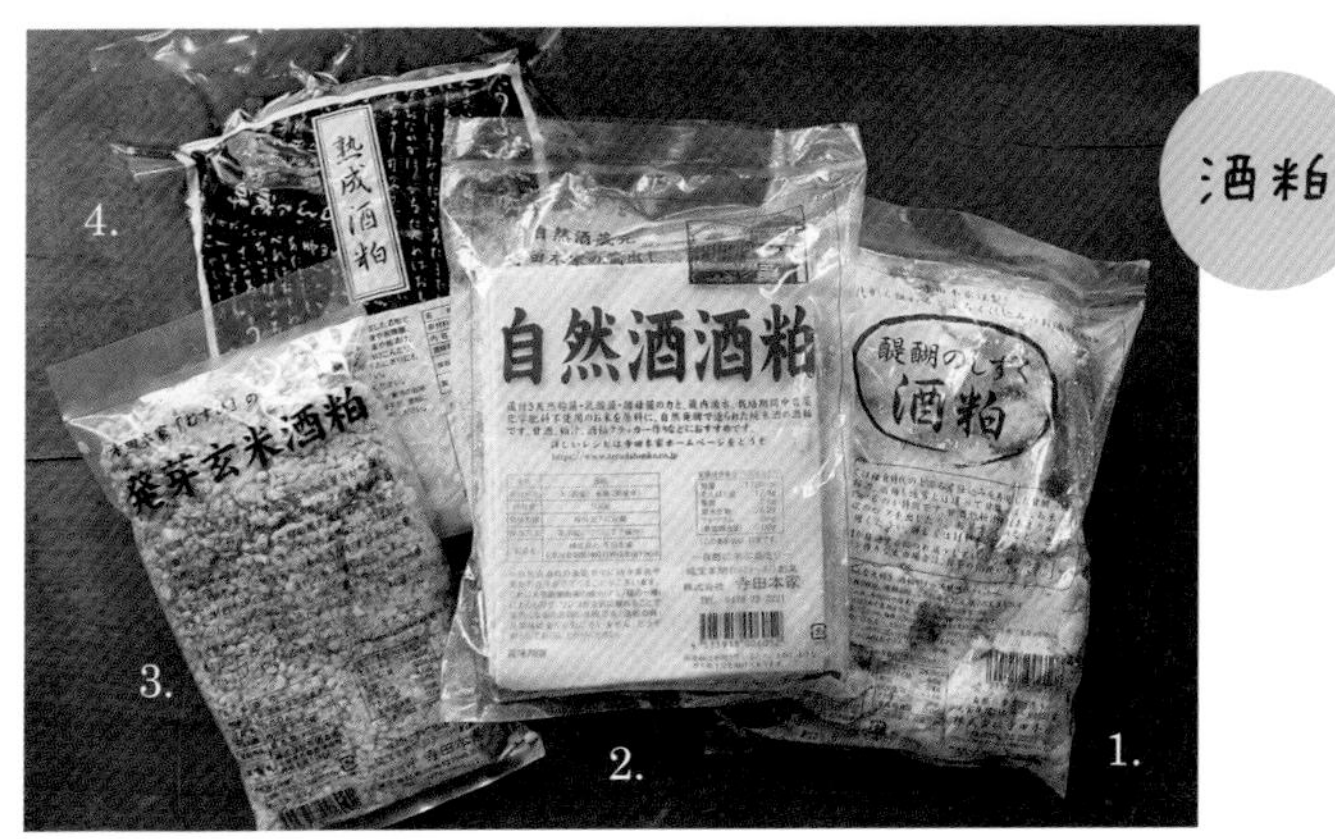

3.発芽玄米酒粕 300g 270円
発芽玄米酒「むすひ」の酒粕。玄米のつぶつぶがそのまま残り、独特の酸味とうまみが特徴。酸味があるので少なめの量から試し、加減して使用を。

4.熟成酒粕 1kg 540円
自然酒酒粕を常温でさらに1～2年長期熟成。アミノ酸などのうまみ成分が増した濃厚な味わい。奈良漬けはもちろん、煮物や煮魚の隠し味に。

1.醍醐のしずく酒粕 500g 432円
「醍醐のしずく」の酒粕は、仕込みから2週間ほどで完成するため、蒸し米や麹の粒もそのまま。甘酸っぱい味わいで、お菓子作りにもおすすめ。

2.自然酒酒粕 500g 432円
時間をかけ、自然造りで醸した酒の粕。粕汁、甘酒、みそ粕漬けなど、この本で紹介しているあらゆるレシピに使用。12～3月ごろの冬季限定品。

麹

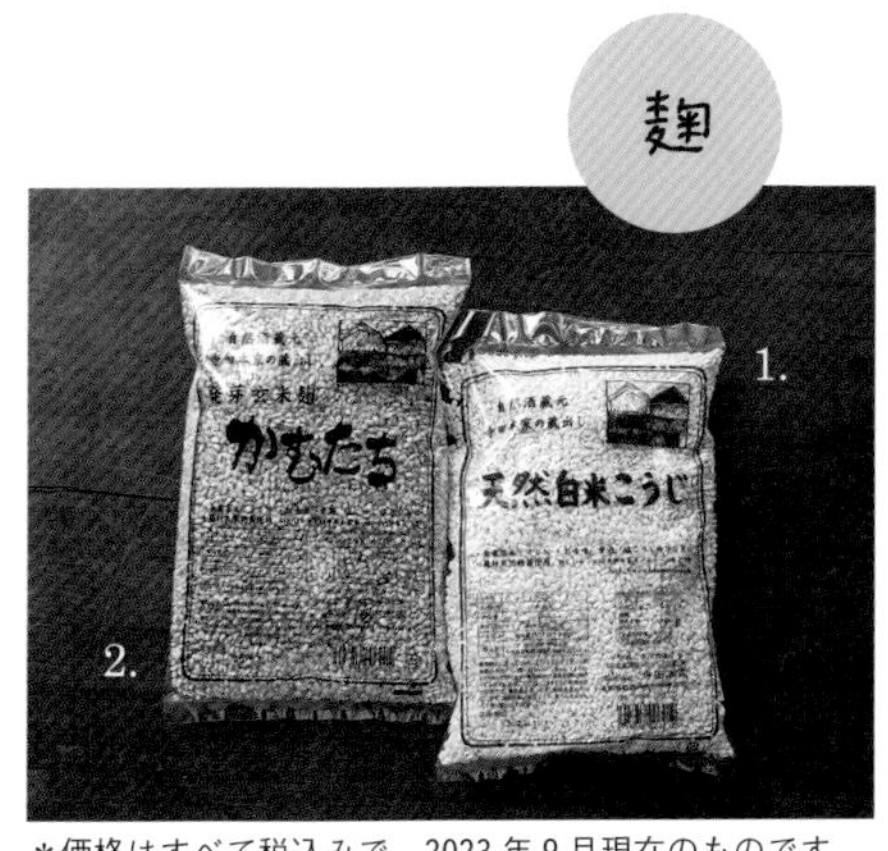

＊価格はすべて税込みで、2023年9月現在のものです。

1.天然白米こうじ 500g 972円
寺田本家の蔵付きの天然麹菌で作った生麹。塩麹や甘酒、麹あんこ作りをはじめ、自家製みそ造りにもおすすめ。10～5月ごろの季節限定品。

2.発芽玄米麹 かむたち 500g 1,188円
玄米を発芽させ、蔵付きの天然麹菌で作った生麹。用途は白米麹と同じだけれど、糖化・発酵時間を長めにとるのがコツ。10～5月ごろの季節限定品。

寺田聡美（てらださとみ）

江戸時代から続く、千葉県香取郡神崎町の造り酒屋「寺田本家」23代目の次女として生まれる。「寺田本家」は無農薬米、無添加、生酛造りの独自の自然酒醸造で知られる。マクロビオティックを学び、カフェ勤務などを経て、結婚後は家業を手伝う。醸造元で育ち、発酵を身近に感じてきたからこその発酵レシピが好評。２０１７年、寺田本家の敷地内に「発酵暮らし研究所&カフェ うふふ」をオープン。麹や酒粕を使ったおいしい料理とスイーツのほか、寺田本家の酒も味わえる。2児の母。著書に『寺田本家 発酵カフェの甘酒・塩麹・酒粕ベストレシピ』、『寺田本家 発酵カフェの甘酒・酒粕・麹のやさしいおやつ』（ともに家の光協会）など。

●株式会社寺田本家
https://www.teradahonke.co.jp/

撮影／澤木央子
ブックデザイン／川添 藍
スタイリング／竹内万貴
取材・文／福山雅美
編集／小島朋子
校正／安久都淳子
DTP制作／天龍社

塩麹・酒粕・甘酒でつくる
寺田本家のおつまみ手帖

2023年10月20日　第1刷発行

著者　寺田聡美
発行者　木下春雄
発行所　一般社団法人 家の光協会
〒162-8448
東京都新宿区市谷船河原町11
電話　03-3266-9029（販売）
03-3266-9028（編集）
振替　00150-1-4724
印刷・製本　図書印刷株式会社

ISBN 978-4-259-56773-6 C0077